AF277307

Todos los libros de Linkgua Ediciones cuentan con modelos de Inteligencia Artificial entrenados por hispanistas. Pregúntale al chat de tu libro lo que desees acerca de la obra o su autor/a.

Para ebooks: Accede a nuestro modelo de IA a través de un enlace.

Para libros impresos: Escanea el código QR de la portada con tu dispositivo móvil.

Obtén análisis detallados de nuestros libros, resúmenes, respuestas a tus preguntas y accede a nuestras ediciones críticas generativas para una experiencia de lectura más enriquecedora.
La transparencia y el respeto hacia la autoría de las fuentes utilizadas son distintivos básicos de nuestro proyecto. Por ello, las respuestas ofrecen, mediante un sistema de citas, las fuentes con las que han sido elaboradas.

José Agustín Caballero

Exposición a las Cortes Españolas

Ideas y bases, originales del presbítero Caballero, para una

Constitución de la Monarquía y sus Colonias

Barcelona 2025
Linkgua-ediciones.com

Créditos

Título original: Exposición a las Cortes Españolas, Ideas y bases, originales del presbítero Caballero, para una Constitución de la Monarquía y sus Colonias.

© 2025, Red ediciones S.L.

e-mail: info@linkgua.com

Diseño de la colección: Michel Mallard.

ISBN rústica ilustrada: 978-84-9007-449-7.
ISBN ebook: 978-84-9953-962-1.

Sumario

Brevísima presentación

La vida
José Agustín Caballero es uno de los pensadores más relevantes de la Cuba del siglo XIX.

Esta Exposición a la Cortes españoles fue escrita en 1811 por el pensador cubano José Agustín Caballero para ser presentadas en las Cortes de Cádiz de 1812. Es una propuesta constitucional que debió haber dado más autonomía a las colonias españolas.

Exposición a las Cortes Españolas[1]

A las Cortes Españolas, por manos de nuestro Representante en ellas.

1. La salvación de la Patria, sin duda, consiste en defenderla de los dos grandes e inminentes peligros que la amenazan, al uno y otro lado del océano; el primero, de ver últimamente vencida la antigua España e invadida por Napoleón, si no se consigue echar a sus ejércitos de la Península; el segundo, de ver las Indias Españolas, o sea, las Españas Ultramarinas, desmembradas de su antigua madre: divididas entre sí o entregadas a la más horrible anarquía, cuando no expuestas a la invasión de sus enemigos o envidiosos, si no se logra reunirlas en un cuerpo de nación capaz de conservar en todo evento la independencia y la integridad del nombre español en el Nuevo Mundo.

2. Las Cortes Nacionales que desde el 24 de septiembre último han tomado las riendas del Gobierno, están asistidas, en la primera de estas dos empresas, por la poderosa alianza de la nación Británica, que hasta ahora concurre magnánimamente con sus fuerzas, su dinero y su sangre a la defensa de la Península y a la protección de sus posesiones ultramarinas.

3. Nosotros, situados a tan inmensa distancia, no hemos podido contribuir a la causa común sino con unos cortos auxilios que no guardan proporción, ni con nuestros bue-

---

1   La Exposición a las Cortes Españolas, Ideas y bases, originales del presbítero Caballero, para una Constitución de la Monarquía y sus Colonias, y que el autor entregó al diputado Andrés Jáuregui, en 1811, para su presentación a dichas Cortes. Publicada en Alfredo Zayas: «El presbítero Don José Agustín Caballero...», ob. cit., t.I, Apéndice B. Aparece en José Agustín Caballero: ob. cit., t.I, págs. 248-287.

nos deseos, ni con los recursos de la Isla; y siempre fieles a nuestro Gobierno, como lo hizo el Ayuntamiento de La Habana en acuerdo de 4 de septiembre último, puesto en noticia de las Cortes en 16 de diciembre siguiente, mantenemos nuestra pronta disposición a contribuir con la cuota proporcional que se nos señale para el sostenimiento de la causa común.

4. Sin meternos, pues, a discurrir sobre la guerra ni sus vicisitudes, lo que nos corresponde es manifestar nuestras peticiones sobre el segundo punto, no menos difícil y urgente para el interés común del Estado y el nuestro en particular, es decir, el del Gobierno local que conviene dar a las Españas ultramarinas, como forzosa consecuencia de las repetidas declaraciones hechas con respecto a ellas por nuestro Gobierno Supremo en sus últimas y sucesivas transformaciones.

5. Parecía, en efecto, que huérfana la Nación de su monarquía desde el principio de la Revolución Española, debía ser ésta la ocasión favorable de alterar en nuestra antigua Constitución lo necesario, para que en ella no pudiesen los delegados de la pública autoridad abusar de su poder, ni de los pueblos, al paso que de subsistir al miserable sistema que desde la conquista sacrificó los grandes y naturales recursos de estos vastos dominios al interés privado de un gremio particular, o a la invencible superioridad de las naciones que siempre se mostraron rivales de nuestro comercio e industria, otro sistema liberal que hubiese llamado en auxilio de la Madre Patria y de su justa causa toda la fuerza física y moral de sus posesiones ultramarinas. Éstas han permanecido, no obstante, hasta ahora entregadas a la insignificancia y debilidad de su antiguo gobierno, sin poder arreglar su economía interior en proporción a su nueva situación y

necesidades, ni menos ayudar dignamente a su metrópoli en la generosa lucha que está sosteniendo.

6. Los diferentes gobiernos que tuvo la España en este medio tiempo cometieron la imprudencia de prometer a las Américas, en una forma poco reservada, la igualdad de derechos, o sea el goce de todas sus prerrogativas e inmunidades que por tal naturaleza nos correspondían, sin advertir el grande interés y preferencia con que debían hacer desde luego efectivas estas promesas, por la fecunda y práctica aplicación de este gran dogma político a la reforma de los abusos y gobierno de los negocios públicos de cada una de las provincias de este hemisferio. De ahí nace que los pueblos han podido creer que ya que nada se les concedía en la práctica de esta teoría, era tiempo de que ellos mismos se tomasen la mano. No todos tienen la prudencia y la moderación necesaria para esperar el evento; además, ninguna de esas provincias tenía modo alguno de entablar de modo conveniente las justas peticiones que debían haberse provocado sobre este importante punto.

7. Es cierto que las Cortes Nacionales, apenas sentadas en la Isla de León, declararon la división de poderes como la primera salvaguardia contra el poder arbitrario. Confirmaron seguidamente las declaraciones anteriores en orden a los derechos de los americanos, y ofrecieron perfeccionar su representación en el Congreso. Sin duda, no puede ser más magnánima ni recta la intención de las Cortes, ni nosotros más confiados en su justicia. Conocemos la magnitud de los cuidados y peligros de la guerra y del gobierno que las ocupan exclusivamente; pero notamos que no se ha tratado de declarar hasta dónde se extienden los poderes legislativos del Congreso Nacional con respecto a las Américas.

Ha quedado intacto este gran escollo de todo nuevo gobierno, y la ilimitada acumulación de estos poderes es doctrina sentada en algunos, hasta el grado de creer, como un principio evidente, que mientras no se acabe la guerra o se forme la Constitución, no puede ni debe el Congreso Nacional ocuparse en los pormenores de América, y por consecuencia forzosa, que nada se puede hacer entre tanto para mejorar nuestra condición.

8. Nosotros conocemos, sí, como una verdad muy obvia, que hasta que las Cortes Nacionales fijen la forma del gobierno universal de un modo estable y apoyado por el consentimiento general de la Nación, mal se puede determinar el particular y permanente que se haya de dar a las Provincias ultramarinas. Mas, al propio tiempo, nosotros, que hacer las alteraciones absolutamente precisas y necesarias para cortar los abusos locales más chocantes y atender a los negocios generales del Estado y particulares de cada Provincia.

9. Más: nos proponemos hacer ver que en ello tiene el Supremo Gobierno o la Nación, tanto o más interés que nosotros mismos, y seguidamente demostraremos cuáles son, en nuestro concepto, las obligaciones y derechos recíprocos que existen entre la cabeza y cualquiera de los miembros del Cuerpo Nacional, y, por consecuencia, cuán justo es que las Cortes generales nos declaren y confirmen prácticamente el que nos asiste de conocer de nuestros negocios domésticos y de acordar para ellos lo conveniente, a reserva siempre de la ulterior sanción por la Suprema Potestad nacional.

I. Interés que en ello tienen las Cortes y el Estado

9 (bis). Sin pretender que prevalezca nuestro dictamen, comoquiera que todo el que propone sus ideas ha de sentar su opinión, séanos permitido manifestar como la nuestra que, supuesta la inmensa extensión del imperio español en ambos hemisferios, supuesto el carácter nacional habituado hace tantos siglos a la monarquía, y supuestos los fatales y vecinos ejemplares que tenemos de los espantosos extravíos de la democracia o Gobierno popular, el que nos conviene es el monárquico hereditario y limitado.

10. No es, pues, en las hediondas heces de la Revolución Francesa donde hemos de ir a buscar documentos que nos sirvan de gobierno en las grandes crisis en que nos hallamos. Allí todo fue petulancia e imprevisión en la práctica, pasiones desenfrenadas en lugar de patriotismo, concusiones en lugar de economía, usurpación de poderes y ambición en lugar de equilibrio y moderación, persecución e intolerancia en lugar de libertad, inmoralidad y ruina en lugar de regeneración, en términos que, comenzada la Revolución, en 1789, corrió en menos de quince años el gobierno de aquella Nación por todos los diferentes extremos, desde la monarquía hasta la más fiera oligarquía, y otra vez desde allí hasta volver de repente al despotismo de uno solo en 1804.

11. ¿Dónde está, pues, la doctrina pura y saludable que nos debemos proponer sino en la Constitución que fundaron los ingleses hace cinco siglos, y han perfeccionado en los que han mediado desde entonces a fuerza de sacrificios? En ella es donde encontraremos los varoniles fundamentos del derecho público que mejor nos conviene en el presente estado de nuestros negocios. La Francia, al principio de su

Revolución, se propuso imitarla, mas no hubo bastante virtud para ejecutarlo, y vilmente malogrado este ensayo por el pueblo más ligero de la Tierra, es el que abrió la puerta a la tiranía de Bonaparte y ha puesto a la España en el presente conflicto, al paso que vemos trasplantado, y quizás radicado para siempre en el Nuevo Mundo, el derecho público de los ingleses, con más o menos modificaciones. Así que, puestos nosotros frente a tan memorables ejemplos, debía sernos fácil aprovechar los errores ajenos, si es que el hombre sea capaz de escarmentar con las lecciones de la historia.

12. Mas no obstante la perfección de las doctrinas inglesas, y el entusiasmado tesón con que se ha elevado la potencia de la Gran Bretaña hasta el punto asombroso en que la vemos, es de notar que por una fatalidad tan común entre las naciones como entre los individuos, cometió su Gobierno, en 1774, un error de donde indubitablemente dimana el desasosiego político que agita a todo el orbe desde la citada época.

Sin desconocer, pues, lo que contiene de admirable la Constitución inglesa, nos conviene observar cuál ha sido este error, porque gira sobre la grave e importante cuestión siguiente, a saber, hasta dónde debe extenderse la soberanía u omnipotencia de una nación o de un gobierno general sobre los diversos y distantes miembros que componen el cuerpo total y viven bajo de una dependencia e imperio.

13. La nación británica formó a la verdad, las más de sus primeras colonias en el norte de América, y aun en las islas, por empresas particulares que corrieron por cuenta de individuos o compañías; mas pronto concedió a todos un gobierno provincial o doméstico, tan libre e independiente dentro de los límites de cada uno como lo era el de la Metrópoli en los suyos. Constituidas ya las Provincias de la Nueva Inglaterra, hoy los Estados Unidos, en el goce de todos sus privilegios,

disputaron la omnipotencia de la Gran Bretaña en orden a contribuciones sobre su comercio. Se empeñó la contienda, sin que bastase la ilustración de Lord Chatham y de los mejores políticos de Inglaterra a prevenir el cisma político,[2] y el resultado fue que después de siete años de guerra, en que fueron los nuevos Estados poderosamente auxiliados por las potencias rivales de la Gran Bretaña, tuvo ésta que reconocer la independencia y soberanía de los mismos, por no haberles querido conceder la parte que en justicia les pertenecía en la representación nacional. Así es como se estableció a los cuatro años de la paz de 1783 un Gobierno Universal en los Estados Unidos, cuya Constitución, muy parecida a la de la Gran Bretaña, sería quizás más perfecta que ésta si no dominara en ella la más chocante democracia, y si por un efecto de la suspicacia propia del Gobierno popular, no se hubiere preferido un Presidente amovible cada cuatro años, con facultades muy limitadas, en lugar de un Monarca hereditario. Véase[3] acta constitucional de su Gobierno Supremo.

14. Nos encontramos hoy con respecto a nuestro Supremo Gobierno en situación absolutamente inversa a la en que se hallaban las Provincias angloamericanas con relación al suyo. Es decir, que después de haber Inglaterra dado a éstas en su infancia un gobierno doméstico e independiente, no quiso concederles en la virilidad la representación que les correspondía en el Gobierno Central.

15. A nosotros, los españoles ultramarinos, se nos concede esta última con magnanimidad indisputable; pero al cabo

---

2 Razones que, sin fruto, dieron Chatham y demás miembros ilustres del Parlamento Británico, para no emplear la violencia ni las armas contra Nueva Inglaterra, hoy los Estados Unidos del Norte de América. (N. del A.)

3 Acta que constituyó en 1787 el Gobierno Universal de los Estados Unidos, que eran a la sazón trece y hoy son dieciséis. (N. del A.)

de tres años de revolución y de desgracia, que amenazan las más deplorables divisiones entre los miembros y la cabeza del Gobierno Supremo, no tenemos, ni se ha tratado de darnos, un gobierno local, a pesar de las inducciones precisas que en la práctica debían descender así de la declaración de igualdad como de nuestra representación en Cortes.

16. Si a pesar de la debilidad y desacierto de los diferentes gobiernos que se han sucedido unos a otros en España; a pesar de la falta de experiencia y de doctrina en asuntos políticos, ha podido la Nación resistir a las fuerzas de Napoleón, parece que éste, fatigado ya de sus esfuerzos hasta ahora incompletos, trata de cambiar sus primitivos planes, y sacrificando los empeños de su orgullo, se abate hasta el grado de preparar, a la sombra del nombre de Fernando, la guerra más cruel, es decir, la discordia civil, con la que se promete acabar la subyugación de España.

17. Por otro lado, esta última semilla, cundida ya en el seno de algunas Provincias americanas, se asoma también entre el Gobierno Supremo y alguna de ellas.

18. En estado tan crítico, séanos permitido creer que la salvación de la Patria exige más que nunca hacer justicia a las Américas. Séanos permitido representar respetuosamente a las Cortes Nacionales, como ahora lo ejecutamos, que conviene reunir y reconcentrar las fuerzas nacionales por medio de un estrecho vínculo efectivo de unión entre la cabeza y los miembros, y que para ello no hay otro medio sino el de conceder a las Provincias ultramarinas lo que se les ha ofrecido y no se les puede negar sin injusticia, es decir, un gobierno local establecido sobre los principios que estamos recomendando, y es el objeto de esta representación explicar con claras y específicas propuestas. ¡Quiera el cielo que por nuestra voz aparezca el ramo de olivo que todo lo pacifique!

19. No tan solo es justicia que así se haga, sino que la antigua España es acaso la más interesada en la estricta observancia de estos claros principios de derecho público; pues si, por un favor de la Divina Providencia, llegase a salir triunfante de la presente lucha, se hallaría en el mismo caso que las Provincias americanas, es decir, sin gobierno propio, porque los Representantes que han mandado a las Cortes extraordinarias están llamados para dar leyes universales a la monarquía, para formar y constituir el Gobierno General y Supremo de la Nación, no para organizar el doméstico que ha de regir las diferentes Provincias de la Península en un solo cuerpo provincial. Los españoles europeos, así como los americanos, tienen un derecho eminente a consultar por sí el derecho político que mejor les convenga, y aunque para establecerlo necesitan de la sanción del supremo poder legislativo, la iniciativa les pertenece por el natural derecho de petición. Es, quizás, una desgracia que desde el principio no se hayan organizado dos congresos en España, es decir, uno general, nacional, compuesto, como las Cortes, de los Representantes de todas las Provincias del imperio, y otro Provincial, peculiar a la España europea. Por no haberse hecho tan necesaria distinción entre las dos representaciones que ha de tener toda Provincia, se acumularon confusamente en la Junta Central todos los poderes, y aun en las actuales Cortes, comoquiera que los Diputados de las Provincias europeas reúnen o creen reunir en sí los dos caracteres de Representantes de la Provincia que los eligió, y de legisladores universales de la Nación, se conserva en la cabeza de muchos cierta oscuridad que les oculta la fuerza y extensión de los derechos y deberes recíprocos que deben obrar sin colisión entre la cabeza y los diferentes miembros del Cuerpo Nacional.

20. Por estas fundadas consideraciones, no fue poca nuestra perplejidad a tiempo de extender nuestros poderes e instrucciones al Representante de La Habana en las Cortes. Desconocidos estos principios de Derecho Público en la misma España, cuando ya los vemos prácticamente reconocidos en varias partes del Nuevo Mundo tan vecinas de nuestro suelo, era difícil sentar, a la sazón, la verdadera doctrina de la materia; y no nos quedó más arbitrio, como se puede ver en el antes citado acuerdo del Ayuntamiento, que el de mantener el oscuro velo, que esperábamos no se podría rasgar sino por la sabiduría y magnanimidad de los Padres de la Patria.

21. Los invocamos, pues, ahora, para que tomando en consideración la imprudente, arbitraria y odiosa acumulación de poderes que se arrogaron los diferentes cuerpos legislativos que sucesivamente gobernaron y dirigieron la Revolución Francesa y aun la nuestra, reconozcan que de ahí han dimanado todos los desaciertos y estragos cometidos por esos propios cuerpos, y han conducido últimamente al pueblo francés a doblar la cerviz bajo el yugo militar de Napoleón, así como han expuesto al nuestro a sucumbir bajo los golpes de sus maquiavélicos ataques.

22. Vivimos, pues, persuadidos de que adhiriéndose las Cortes Nacionales a la magnánima teoría que desde sus primeras sesiones establecieron sobre la división de poderes, se ocupen, no como hemos visto que se ha tratado, en limitar la duración de sus servicios, que es una cuestión prematura e inoportuna, sino de declarar «cuáles sean los límites de su poder legislativo con respecto a los dominios ultramarinos, cuya importante doctrina aclarará, precisamente, la otra no menos luminosa, a saber: cuáles sean también los del poder legislativo que con respecto a la organización de su gobierno

local y doméstico corresponden respectivamente a las Provincias Españolas de ambos hemisferios».

23. Pronto reconocerán las Cortes generales en esta interesante discusión que, compuesto el imperio español de tan remotas y separadas posesiones, situadas en opuestos climas del globo y gobernadas por diferentes usos y costumbres, fundados en su diversa localidad, población, industria y recursos naturales, debe respetarse, en estas remotas Provincias, el privilegio inherente que las asiste en «primer lugar»: para prestar el sello de su consentimiento y sumisión a las leyes universales que han de ligar todos los miembros con la cabeza; y en «segundo lugar»: para consultar sus propias leyes provinciales y reglamentos domésticos, que solo ellas pueden conocer y dictar para su propia conservación y conveniencia, siempre a reserva de la ulterior sanción del Monarca, o sea Poder Ejecutivo, y del Poder Legislativo Supremo de la Nación.

24. Jamaica, nuestra recomendable rival en industria, ejerce bajo la protección de la Augusta y Magnánima Albión, y por medio de 42 Representantes del pueblo, electos por éste en las veinte parroquias de la Isla, la legislación doméstica, sin ofensa del Supremo Imperio, a cuya sanción somete últimamente sus Reglamentos Provinciales. Ejerce este poder, de acuerdo con el Capitán General, Delegado o Representante del Monarca, asistido de Doce Consejeros electos por dicho jefe entre los más beneméritos y condecorados vecinos del país.[4]

25. Proponemos con particular gusto el ejemplo de Jamaica, no porque creamos que podamos ni nos convenga imitar ciegamente su organización interior, sino porque ella, bajo

---

4   Constitución de Jamaica extractada del historiador Edwards, y alguna más razón de su situación y circunstancias hoy. (N. del A.)

del trópico, goza del mismo clima que nosotros, cultiva los mismos frutos, tiene en su población las mismas jerarquías de libres, esclavos y libertos; con cuyo último y local conocimiento, dicta las leyes más apropiadas a su seguridad y conservación, sin que jamás se le haya ocurrido al Parlamento Británico privar a los ingleses que emigraron a ésta, y demás islas, del derecho inajenable que les compete, por su naturalidad, de ejercer el referido derecho, que es el término de toda racional legislación.

26. Pero también es cierto que Jamaica no tiene representación en el Parlamento Británico. Nosotros, que debemos a la justicia y magnanimidad de nuestro Supremo Gobierno el goce de tan esencial prerrogativa, tenemos ya adelantado este poderoso vínculo, de más que aquella Isla, para estrechar el indisoluble nudo que ha de enlazar las Provincias americanas con las europeas en un solo y bien organizado cuerpo.

Cuando solicitamos ahora la otra prerrogativa, podemos decir que pedimos mucho menos de lo que ya hemos obtenido, y pedimos un privilegio que más que a nosotros mismos ha de asegurar al Gobierno Supremo la consecución de nuevos auxilios y socorros, que hasta ahora no hemos podido proporcionar por la moral impotencia y debilidad de nuestro propio Gobierno.

27. Habiendo sentado en los términos referidos cuál sea el derecho público que gozan Jamaica y las demás islas inglesas en las Antillas, oportuno será referir los hechos relativos a las Provincias que antes formaban la Nueva Inglaterra. Después de haber obtenido su independencia por el Tratado de Paz de 1873, tardó el pueblo hasta el 1787 en organizar su Gobierno General. Acababa esta Nación de salir de una guerra que comenzó con el mismo impulso popular que en

1808 siguieron las provincias de España, aunque con motivo menos urgente y honroso.

Los desórdenes de la anarquía y los estragos causados por una fabricación de cerca de 100 millones de pesos de papel moneda, habían sumergido al Gobierno en un estado de debilidad o nulidad temible y vergonzoso. Faltaba un Gobierno Supremo que, revestido de poderes especiales para reunir bajo su mando la totalidad de los diferentes estados, formase de todos un solo cuerpo armonioso. Los principios democráticos que habían formado aquella revolución, no les permitieron pensar a la sazón en una monarquía limitada, y por tanto, confiaron el poder ejecutivo de su gobierno general, como antes lo dijimos, a un Presidente electo cada cuatro años, y el poder legislativo a dos Consejos, con nombre de Senado y Cámara de Representantes, ambos compuestos de vocales electos por los diversos estados de la República federada. Éstos, en unión con el Presidente, acuerdan las leyes que ligan universalmente la obediencia de los estados individuales a aquella porción de soberanía que cada uno de ellos hubo de ceder a la Cabeza Suprema de la Nación. Tales son los fundamentos de su derecho público; son los mismos que los de la Constitución Inglesa, con la diferente modificación que en ellos ha introducido el espíritu popular que caracteriza su república y la distingue de la monarquía británica. En el espacio de cuatro años, y al abrigo de semejante instituto, han casi triplicado su población y aumentado su industria, navegación y recursos en la maravillosa proporción que es bien notoria.

28. Si, pues, fue menester adoptar aquella forma de gobierno para reunir y ligar en un solo cuerpo trece Provincias independientes, aunque contiguas, bajo de una cabeza que lógicamente las representase a todas, cuánto más necesario

no será discurrir algún instituto parecido para precaver la dispersión y discordia de las Españas ultramarinas y enlazarlas con el Supremo Gobierno, cuando están separadas por tan inmensas distancias y por costumbres y hábitos tan diversos.

29. Juzgamos, pues, que con solo un instituto tan arreglado al derecho natural y político, podrá nuestro Supremo Gobierno asegurar en todo evento sus dominios ultramarinos contra las acechanzas exteriores, a que los exponen la codicia y la política demasiadamente versátil de las naciones extranjeras.

30. Podría, solo con la fuerza moral que semejante sistema le proporcione, desarmar el espíritu de facción y la petulante ignorancia de los perturbadores de la tranquilidad pública en América y restituirlos al conocimiento de su natural afecto y amor al nombre español. Demasiado desgraciados son los pueblos que sin asegurar antes el respeto de la legítima y legal autoridad, se entregan a los riesgos de un nuevo gobierno, sin más apoyo exterior. Es de esperar que las Provincias extraviadas no hallarán por ahora ninguno entre nuestros aliados; mas también es desgraciadamente cierto que la fuerza física de la España, distraída como la vemos en la Península, no es la que puede poner, con las armas en la mano, un término a estas convulsiones. La Inglaterra, a pesar de su gran poder, no bastó a sujetar a los angloamericanos en su rebelión, porque éstos encontraron luego los apoyos exteriores que son notorios. ¿Quién nos responde de que aquellas de nuestras Provincias americanas que se pongan en rebelión abierta, no encontrarán, donde menos se piensa ahora y según la variedad que pueda haber en nuestra situación, iguales apoyos? ¿No será, pues, más prudente reconocer y facilitar desde ahora aquella parte de los reclamos de estos

súbditos extraviados, que llevan fundamentos de justicia, es decir, el derecho de gobernarse a sí mismos en el círculo de su economía doméstica, ya que este derecho es una consecuencia forzosa de las repetidas declaraciones sobre igualdad de prerrogativas entre las Españas Americanas y Europeas? ¿No sería más oportuno concederles, desde luego lo que se les ha prometido, y darles, con el consentimiento del Supremo Gobierno, aquel auxilio paternal y exterior que necesita todo nuevo gobierno, que no exponerlos a que obtengan, quizás por caminos sangrientos y siempre lastimosos para la causa nacional, una independencia absoluta, a la cual acaso no aspiraban al principio? ¿No es probable que por este camino, más bien que por cualquier otro, pueda la fuerza moral y la opinión pública desarmar a los facciosos que, por medios violentos y reprobados, hayan usurpado el poder de gobernar a sus ciudadanos, quizás sin su consentimiento ni aplauso? Por último, no permitir, por la reflexión, la más obvia: todo lo que sea interrumpir las relaciones del Gobierno Supremo con algunas Provincias de América, que no es abdicar virtualmente su supremacía. El tratarla por este motivo como rebelión transitoria, sin comunicación con la Madre Patria y con las demás Provincias sumisas, sin proporcionar remedio enseguida, eso es abdicar virtualmente su supremacía. Y sobre todo, con esas discordias civiles, ¿dónde están los auxilios que necesita la Península para perseguir la guerra? El nuevo sistema que proponemos sustituir al antiguo es una nueva fuerza.

31. Por otro lado, comoquiera que estas convulsiones domésticas, manifestadas en varias partes de América y especialmente en el reino de Nueva España, han de agotar los recursos naturales de cada Provincia, es visto que ya es preciso buscar en este nuevo sistema de gobierno una nueva fuerza

política capaz de organizar la Real Hacienda en América en tal disposición, que cada Provincia, después de arreglar sus gastos domésticos, con la debida economía, pueda auxiliar a la causa común no tan solo con la cuota que se señale por las Cortes generales, sino con otros muchos servicios que no se pueden aún sospechar ahora, porque yacen ocultos e ignorados en la inacción y letargo en que hasta ahora los han mantenido.

32. Últimamente, recuperará la España, por medio de este instituto, no tan solo con sus aliados, sino hasta con sus enemigos, el respeto y la consideración exterior que siempre se pierden en medio de la debilidad y de la desgracia. Tendrá Napoleón que renunciar de una vez a las esperanzas que nuestras desgracias acreditan en él, de seducir la credulidad e ignominia de los pueblos americanos, y concurriendo éstos eficazmente al intento de la causa común, con la cual se hallarán identificados, sabrán discernir y practicar los medios más directos para su logro.

33. No sabemos si un celo quizás indiscreto nos engaña; pero movidos por ese magnífico prospecto de nuestras futuras esperanzas, diremos, con el fervor de los votos que dirigimos al Todopoderoso por su más pronta realización: pensad los que esta antigua España desconozcan en la sagrada reciprocidad de tan injustos deberes, de tan precisos y respetables derechos o los pretendan confundir; perezcan también, volvemos a repetir, los que en ambas Américas se desentiendan de este armonioso y necesario vínculo que solo nos puede salvar de la borrasca deshecha en que está ahora casi sumergida la nave pública; unos y otros son enemigos de la razón, de la justicia, de la política bien entendida, en una palabra, son más que todo enemigos de la España y del nombre español.

I. Interés que en ello tienen las Cortes y el Estado

34. Ni es razón, ni es posible, que a la distancia en que está el Nuevo Mundo del antiguo, pueda gobierno ninguno, situado en Europa, gobernar a los pueblos con conocimiento de sus necesidades locales y con arreglo a ellas. Podrá, sí, restringir sus necesidades exteriores a cierto objeto de interés propio suyo, o que crea propio, como lo hizo la España con sus Américas, sujetando su industria y prosperidad al particular engrandecimiento de un gremio privilegiado, en cuyo obsequio sacrificó los grandes y naturales recursos de estos vastos dominios, y los entregó a la rivalidad e invencible superioridad de las naciones émulas de nuestra industria y comercio, que fundaron su adelantamiento y prosperidad, para aprovechar nuestros mismos errores.

Aunque los ingleses fundaron sus primeras colonias en la Nueva Inglaterra y aun en las islas por concesiones hechas a particulares.

II. Interés que en ello tiene esta Isla

35. Al considerar el peligroso éxito de la lucha que sostiene la Nación en la Península, los azares de la guerra, la situación aventurada de las Cortes generales en el paraje civil en las Españas europeas, y últimamente las semillas de grave discordia que van preparándose en las ultramarinas, no se nos puede ocultar que en caso de un desgraciado suceso, está expuesta a recelar de los presentes enemigos de las naciones amigas o aliadas, según el torrente y las vicisitudes de las circunstancias; inquieta de los progresos marítimos del Gobierno de Haití; sobresaltada por el carácter de nuestra plebe, y sobre

todo, por la falta de un gobierno doméstico bastante sólido para atender eficazmente a la defensa del país y conservación de sus más preciosos intereses; observando, por último, los progresos agigantados que van preparando en el Norte de América esos hijos emancipados de la Gran Bretaña, nuestro Supremo Gobierno debe apresurarse a dar al conjunto de sus posesiones en este hemisferio una organización que, vivificando en igual grado que entre aquéllos, nuestra población e industria, nos ponga en estado de contrarrestar en tiempo aquellos síntomas de ambición que se van asomando por momentos y amenazarán algún día hasta el poder marítimo de la Gran Bretaña; si bien por ahora tenemos un garante seguro en la impotencia de su Gobierno democrático, mientras con el transcurso del tiempo no llegue el caso de vigorizar su poder excesivo hasta el punto necesario.

36. Qué de sustos, qué de temores presentes y futuros, qué de consideraciones urgentes y personales, tras de las de interés personal que se han explicado en el capítulo anterior. En tales circunstancias, ¿no será justo esperar que la autoridad de las Cortes, única respetable y legítima a quien podamos acudir, nos conceda lo que a todos conviene, lo que urge por momentos, lo que solicitamos en virtud de aquel derecho que las Cortes generales nos han reconocido, o al menos organizado hasta ahora, aunque han proclamado el mucho menos importante y quizás prematuro de la imprenta; aquel derecho que por casualidad existe aquí en este Consulado, por la prerrogativa que se le concedió de representar directamente y sin intervención de otra autoridad hasta los pies del Trono? Decimos que semejante órgano existe aquí por casualidad, porque aunque se establecieron en otras partes de América Consulados constituidos con la misma planta, no está en ellos observado el equilibrio de las dos clases de hacenda-

dos y comerciantes. Estos mismos, que mantienen todavía en este Continente su crédito y su poder, ocupan todas las plazas de las Juntas económicas, y poco acostumbrados a la ilustración y liberalidad de sentimientos y de principios que más bien asiste a las demás clases de vecinos, conservan inalterable el espíritu de restricción y rivalidad que ha causado a este Consulado tanta emulación e injusta persecución. Mas comoquiera que los favores de la Providencia nos ponen en situación de ser oídos, debemos desempeñar esta parte de nuestros deberes con aquella respetuosa libertad propia de la urgencia de las presentes circunstancias.

37. Para remediar, pues, los males que amenazan a esta Isla por dentro y por fuera, examinemos qué recursos tenemos en nuestro actual Gobierno. Al entrar en esta consideración, ¿qué no tendremos que decir del deplorable estado de debilidad en que se mantiene? En medio de hallarse vacante el Trono desde el principio de la Revolución Española, y de estar toda la atención del Gobierno Supremo empeñada en los peligros y vicisitudes de la guerra, permanecen las diversas autoridades, entre las cuales se halla dividida la representación del Monarca, con la misma separación e independencia unas de otras que en tiempo de los reyes y del favoritismo. Esto podía ser conveniente cuando se suponía que recibiendo estas autoridades, en situación propicia y tranquila, directamente del Príncipe y de su Consejo de Estado, las órdenes e instrucciones, ésta había de ser una cuestión de deliberación y de movimiento que todo lo combinase y proveyese para el bien de la monarquía.

Mas en tiempos en que hace tres años que anda vacante el Trono, en tiempos de tantas adversidades en que ha desaparecido nuestro comercio y nuestra marina, en tiempos en que se proyecta restituir a los pueblos algunos de sus derechos, entre los cuales es el primero el de saber lo que pagan, cómo lo pagan y por qué lo pagan, y en qué se invierten, apenas se hace, es en lo que semejantes autoridades quedasen independientes y absolutamente arbitrarias, caso éste bien reciente, precisamente de autoridad y acuerdo en la Isla, que pudiese sujetar los gastos, y cada ramo, al plan general de economía y operaciones que fueren más convenientes, con vista y combinación del estado presente del país, y de las necesarias atenciones en todos los ramos de la pública normalidad.

38. Los proyectos de la defensa del país, en la presente situación, son el primero de todos los empeños. Se componen las guarniciones en la Isla de varios regimientos de línea totalmente incompletos, y acaso de menos fuerza que ahora cuarenta años ya ocurría, y de varios cuerpos de milicias disciplinadas de infantería y caballería, asalariadas cuando entran en activo servicio. Según el estado de la Intendencia que se contiene en la nota, nos ha costado este ramo de los gastos públicos, solo en La Habana, $ 1.714.318.03 en treinta meses que corresponden a $ 685.722 anuales. La primera cuestión que se presenta es si convenía organizar entre las gentes de nuestros campos, naturalmente adictas al ejercicio del caballo, una milicia de este orden, voluntaria, que se ha tratado varias veces en estos últimos años de organizar con el nombre de Legiones Rurales, sobre lo que se formaron varios proyectos muy racionales por la subguarnición entonces ocupada por el Conde de Jaruco. Mas el Capitán General, viéndose sin apoyo y entregado a sus propias fuerzas, ha desconfiado siempre de estos recursos, hasta el punto de no querer entregar el completo de fusiles aún a los 1.500 hombres que repartió él mismo, en enero de 1808, en 28 compañías cubanas, compuestas, no comoquiera, de vecinos españoles, sino divididas por Provincias de la Península, como son de

catalanes, de vizcaínos y navarros, de gallegos, de isleños canarios, de asturianos, de andaluces, etc. Si hubiera en esta Isla un Gobierno Provincial, quiere decir, que con toda seguridad y casi sin gastos, pudiera atender a la defensa efectiva de la Isla en cuasi cualquier punto de sus dilatadas costas, con el establecimiento de compañías ligeras de voluntarios de artillería de a pie y de a caballo, que reguladas por el estado actual de la población pasarían de los 20.000 hombres, solo de esta arma, se formaría la defensa más segura de la Isla contra un golpe de mano de cualquier enemigo que se atreviese a insultarla.

39. A pesar de la completa aniquilación de nuestros navegantes, siguen no obstante en la Marina los sueldos inútiles y desproporcionados en un tiempo en que habiendo perdido la España, hace muchos años, su antiguo rango en sus dos potencias marítimas, se ignora cuándo podrá recuperar sus pasadas fuerzas. Siguen los gastos de los cortes de madera, aunque hace más de catorce años que se echó al agua la última fragata, construida en el Arsenal La Anfitrite. Los cuatros navíos de línea que últimamente han venido de Cádiz yacen inútiles en el puerto, donde acabarán por podrirse, y entre tanto, carecemos de buques menores para limpiar nuestras costas de los piratas franceses que las infestan. Siguen las restricciones y los abusos de la matrícula, que solo pueden ser útiles cuando el Real Servicio exige multitud de marineros para las escuadras.

Sigue, además de los costos de los cortes, la intervención de un inspector en el uso urbano de las maderas, en perjuicio de la agricultura y población, como se demostró totalmente en el expediente instruido de orden del Consejo de Indias por este Gobierno, y remitido con fecha de..., el cual se ha quedado sin resolución. Sigue, en fin, el monopolio de los marineros matriculados, tan odioso y contrario al interés público, tanto acerca de la pesca de toda clase de peces como del cabotaje y la construcción de barcos mercantes, en términos que comamos el pescado fresco, que debía ser el alimento de la plebe en esta Isla, al precio habitual de tres reales libra, o sea, 37 pesos fuertes el quintal, y no es permitido a nuestros patronos costeros navegar con esclavos propios en un país donde todas las faenas subalternas son desempeñadas por los siervos, ni tampoco construir nuevos barcos sin vejaciones y molestias excusadas.

40. La Intendencia distribuye arbitrariamente los gastos del Erario sin previa combinación ni concierto; sin que haya conocida separación entre los fondos que ingresan como producidos de las contribuciones de la Isla y los que recibe de México o de otros, ignorando si tampoco la hay entre los gastos meramente provinciales y domésticos y los de la atención general de la Nación o del Gobierno Supremo; de modo que ni aun a la Isla se le hace mérito alguno en lo que por este último título rija. Nada se sabe de las entradas ni de los gastos de los pueblos de la tierra adentro, y solo se oye de tiempo en tiempo que la plaza de Santiago de Cuba pide socorro a la capital, porque no le alcanzan sus ingresos locales. Siguen a destiempo los gastos de obras y fortificaciones sin previa consideración a su urgencia o necesidad, como ahora, que careciendo de muelles el comercio, que es el que da las entradas al Erario, se ha concluido con inmenso gasto la casa que ha de contener sus oficinas. Siguen las contratas de materiales, hospitales y reparar las fortalezas sin la debida economía, como lo ha demostrado con respecto a las últimas este Consulado, con fechas..., las cuentas de toda la Provincia, entregadas directamente al Tribunal de Cuentas, vienen a revisarlas cuando ya no existen los que las rindie-

ron. En fin, por el adjunto estado, bajo el número cinco, que la Intendencia ha impreso, con una publicidad cuando menos inconducente en la presente crisis, infiere este público que habiendo sido los ingresos propios de la Isla de más de siete millones de pesos en treinta meses, y los situados juntamente con los préstamos y depósitos, cerca de tres millones, no tan solo no ha ayudado este Erario al sostenimiento de la guerra en las agonías de la Península, sino que se ha echado mano del fondo de subvención destinado para España en la manera que ya debe saber el Consejo de Urgencia por expedición de este Consulado. Tal es la falta de orden, de economía y de concierto que existe en el ramo más esencial que disfruta sobre todos los demás de la pública gobernación.

41. Si echamos ahora la vista sobre la autoridad económica que debe resolver y dictar los Reglamentos interiores y Municipales de la Isla, es preciso confesar que está en igual debilidad y abandono. Los de comercio, en este tiempo en que la España europea no puede atender a la provisión de sus Américas, han padecido las escandalosas vicisitudes que son bien notorias, y recordaremos de la nota 6ta.⁵ En ellos tienen la Intendencia y la Administración de las dos Aduanas un voto y una influencia que no les pertenecen. Enhorabuena que la Real Hacienda en los haberes del fisco tenga un privilegio para perseguir el fraude y hacer los cobros y exacciones con todo rigor; pero parece que en la parte económica o reglamentaria no deben ser los oficiales de la Real Hacienda más que unos meros ejecutores de la ley, o unos meros informarios sobre pasados hechos. Las Intendencias del Ejército y Real Hacienda, desconocidas en nuestra antigua Legislación Nacional, se introdujeron en España por el genio mili-

5   Vicisitudes que han padecido los Reglamentos de este Gobierno sobre el comercio de esta Isla. (N. del A.)

tar y arbitrario de Luis XIV, que quería «tropas y dinero». En Jamaica ni el Congreso Americano reconocen Ministros con semejantes facultades. Sus Cuerpos Legislativos dictan los Reglamentos Municipales de exacción, y publicada la ley, los colectores la ejecutan puntualmente, sin arbitrariedad ni interpretación.

Aquella Isla, que tiene cosecha de mucho más consideración que la nuestra, cubre sus gastos provinciales con 400.000 pesos; es verdad que los de tropa regular y los de la Real Marina los paga el Tesoro de la Gran Bretaña, porque siendo gastos generales del Imperio le conviene sostenerlos.

Mas los pagos del Erario Provincial se libran por el Gobernador en Consejo, con arreglo a los presupuestos y apropiaciones acordadas por el Cuerpo Legislativo, y con este requisito lo paga el Tesoro de la Isla. El Gobierno Americano, que reúne el general y común de los dieciséis Estados de la Nación, hace sus gastos generales de administración con dieciséis millones de pesos.[6] La máquina de este Gobierno atiende a la defensa y relaciones generales de 8 millones de almas y sus ingresos son producidos por las contribuciones, que solo a su introducción paga el comercio, que ascendió en cada uno de los años anteriores al embargo de 60 a 80 millones de pesos en valores,[7] y los derechos del monto anual de 10 a 12.

42. Los reglamentos de Policía general sobre esclavos y libertos, materia tan privilegiada sobre la cual ha dirigido al Consejo de Estado este Consulado las convenientes súplicas con fecha 24 de febrero último, es quizás el punto que por su gravedad y delicadeza exige más vigor, firmeza y energía, así

6   Gastos que causa la administración del Gobierno General de los Estados Unidos, y el particular de sus estados individuales. (N. del A.)
7   Estado del comercio de introducción que tuvieron los Estados Unidos antes del embargo de diciembre de 1808 y productos que rinden los derechos con que contribuía dicho comercio. (N. del A.)

como la policía de los reos y malhechores que tanto interesan a la pública tranquilidad y merecen la atención, a la par, de la Real Hacienda y el comercio. Aquí es donde invocamos de nuevo la necesidad de establecer en los poderes legislativos que se atribuían al Congreso Nacional las convenientes aclaraciones para demarcar el verdadero deslinde entre la legislación universal y la provincial, pues siendo la esclavitud desconocida en Europa, y existiendo en varias provincias del Nuevo Mundo, tienen éstas últimas un derecho tendiente a considerar esta materia como privativa de su propio conocimiento y, por consecuencia, totalmente ajena al de los Supremo Legisladores, como lo reconoce abiertamente, según lo hemos insinuado, el Parlamento Británico con respecto a las Antillas, tanto en este punto como en los demás intereses domésticos. En prueba de ello se puede ver la doctrina que profesa la Asamblea de Jamaica en una reciente exposición al Parlamento.[8]

43. De la propia clase consideramos también los Reglamentos sobre extranjería y naturalización, una vez de arreglados por la legislación universal; puntos importantes en que desgraciadamente han quedado ofendidas y desacreditadas la opinión y la fe pública de este Gobierno, así como en materia de comercio, con respecto a las naciones extranjeras.[9]

44. La educación de la juventud y los establecimientos piadosos; la construcción de puentes, caminos, muelles y demás obras públicas; la subdivisión de parroquias y mejor distribución de la renta vecinal para el socorro físico y moral de los

---

8 Cuenta de la Asamblea de Jamaica, relativa al comercio de esta Isla. (N. del A.)

9 Errores cometidos en la naturalización de extranjeros en esta Isla y en los posteriores procedimientos de esta Junta de Represalias. (N. del A.)

parajes hoy importados y especialmente en la parte oriental de la Isla, que merece toda nuestra atención como punto de precaución y defensa contra los indígenas de Haití; el repartimiento de tierras, el fomento y perfección de la ganadería, de la agricultura y de las artes; los hábitos y la aplicación al trabajo y a las ocupaciones útiles, son puntos igualmente interesantes, que no pueden estudiarse por las Cortes Generales ni por otro Cuerpo Legislativo universal, sino por los propiamente municipales de cada Provincia, interesados en el mejor acierto por obligación y conveniencia propia; siendo exigido observar que un Gobernador y Capitán General amovible cada cuatro o cinco años, no puede ni quiere trabajar con empeño semejantes materias, ni tampoco tiene autoridad suficiente para establecerlas y planificarlas.

45. En vista de tan indubitables hechos y de tan palpable demostración, de tanta debilidad y abandono, de tantos recursos y medios de prosperidad malogrados y desperdiciados sin utilidad; de tantas necesidades y justos remedios enteramente desatendidos, esperamos que las Cortes Nacionales se convencerán de que por su propio interés y por el nuestro conviene dar a esta Isla un Gobierno local sobre el que nos toca ahora como en todo presentar específicas.

Propuestas

46. Cuál sea la forma de Gobierno que nos convenga, cuando ya no lo hubiésemos insinuado al hablar de Jamaica, nos lo diría el mismo Instituto Nacional de las Cortes Generales y Extraordinarias. ¿De dónde le ha venido la grande opinión que disfrutan, de dónde la autoridad no disputada que en ellas reside, sino de que fueron electas por el pueblo? Ante esta autoridad plena, directa, universal, desaparecen o, al menos, se

someten todas las corporaciones, todas las caballerías, todas las demás autoridades. Ninguna otra que no sea dimanada del pueblo, se cree pueda ejercer el poder legislativo con más acierto, como que siendo el objeto de las leyes el constituir la felicidad del pueblo, y disponer de los haberes públicos que salen de él, parece más conforme a la razón que se consulte por los mismos representantes del pueblo, electos por él en número proporcional y suficiente para disponer, reunidos en el período legislativo, las mejores luces y conocimientos de la Nación. No así con el Poder Ejecutivo, encargado de la ejecución de las leyes y de la defensa del Estado. Su operación está cifrada en la unidad, prontitud y vigor de la acción, que este otro poder exige una sola y visible cabeza dotada de una acción que desembarace para obrar con arreglo a la voluntad nacional, y la ejecute por medio de los miembros que le están subordinados. El Poder Legislativo representa, en el Cuerpo Político, lo que la voluntad o intención mental en el cuerpo humano; el Ejecutivo, la acción y movimiento corporal de donde dimana.

47. Debemos, por consecuencia, de conformidad con el sistema general que netamente se ha manifestado, ser el más arreglado a los presentes intereses y situación de nuestros negocios, suplicar al Congreso Nacional que constituya aquí una Asamblea de Diputados del Pueblo con el nombre de Cortes Provinciales de la Isla de Cuba, que estén revestidas del poder de dictar las leyes locales de la Provincia en todo lo que no sea prevenido por las leyes universales de la Nación, ya sean dictadas nuevamente por el Congreso Nacional, ya sea por el antiguo establecimiento de la Legislación Española en todo aquello que no sea en ella derogado.

48. Debemos, asimismo, suplicar que al primer Jefe de la Isla, único y eficiente representante del Monarca, o sea del

Poder Ejecutivo, se le dé un Consejo, con cuyo acuerdo y conocimiento pueda imprimir a la gobernación general de este país la seriedad de acción y energía de que carece.

49. El Cuerpo Legislativo podría componerse, vista la extensión de la Isla y de su presente población, de 60 Diputados; los 30 correspondientes a la jurisdicción territorial más necesaria por su opulencia, población e ilustración, quizás menos iguales al resto de la Isla. Los otros 30, en esta proporción: 9 de la jurisdicción de Santiago de Cuba; 6 de la Villa de Puerto Príncipe y 3 por cada una de las cinco jurisdicciones de Trinidad, San Juan de los Remedios, Sancti Spíritus, Villa Clara y Matanzas.

50. En cuanto al modo o las instrucciones, conviene, antes de proponerlo, analizar el método que se ha adoptado en España para la elección de Diputados en Cortes por la Instrucción del mes de enero de 1810. En ella, el derecho del sufragio que ejerce el pueblo está transmitido por cinco escalas o elecciones intermedias de unas manos en otras hasta llegar a la ulterior de los Diputados en Cortes. Después de que los vecinos, cabezas de familia, han usado de su derecho del sufragio en cada parroquia para elegir en cada una doce electores, la segunda elección es que estos doce electores se reducen a uno solo por cada parroquia. La tercera consiste en que, congregados tantos electores como parroquias haya en cada Partido, en la carencia de éste, reducen su número a uno proporcional que no baje de doce electores. La cuarta, es que estos electores de Partido elijan un corto número, también proporcional, que concurren juntamente con los de los demás Partidos de la Provincia a la Capital de ella, donde, en quinto lugar, hacen en las formas indicadas la elección del número de representantes que corresponde a la Provincia. La instrucción dada no exige para los vecinos del primer su-

fragio y los electores, de cualquier clase que sean, otra calificación que la que sigue: «Que sean mayores de veinticinco años y que tengan casa abierta, comprendiendo en esta clase de eclesiásticos seculares; y solo excluir del derecho activo y pasivo del sufragio a los que estuvieren procesados por causa criminal, los que hayan sufrido pena corporal aflictiva o infamatoria, los fallidos, los deudores a los caudales públicos, los dementes y los sordomudos, y también a los extranjeros, aunque estén naturalizados, cualquiera que sea el privilegio de la naturalización. La calificación para Representante en Cortes se reduce a que se pueda ser persona natural del Reino o Provincia, aunque no venda ni tenga propiedades en ella, como sea mayor de veinticinco años, cabeza de casa, soltero, casado o viudo, que sea noble, plebeyo o eclesiástico secular, de buena opinión y fama, exento de crímenes y reato; que no haya sido fallido, ni sea deudor a los fondos públicos, ni en la actualidad doméstico asalariado de cuerpo o persona particular».

51. Nos parece que en país donde existe la esclavitud y tantos libertos como tenemos, conviene que el derecho primitivo de sufragio descanse exclusivamente en la calidad de español de sangre limpia, con bienes de arraigo en tierras o casas urbanas y rurales, sin que por ello sea suficiente la propiedad en mercancías, ganados, esclavos u otros bienes muebles; que la cuota sea fijada en 3.000 pesos para los pueblos de Ayuntamientos o lugares y Partidos del campo, y en 3.000 pesos para las Capitales de La Habana y Santiago de Cuba.

52. Creemos que el derecho del sufragio, así amarrado, no conviene que tenga en esta Provincia más que una sola escala o elección intermedia entre el sufragio primitivo del pueblo y la elección de los Representantes en las Cortes Provinciales; y suponiendo que tengamos, lo que se puede dudar, 100.000

cabezas de familia en toda la Provincia, se podría establecer la escala intermedia a un elector por 100 vecinos con derecho del sufragio; y con respecto a la gran desigualdad de población en los Partidos o Parroquias dedicados a la crianza de ganado, en comparación de los ocupados en cultivo, se podrían establecer las reglas siguientes: que pasando los vecinos de cincuenta, aunque no llegasen a 100, tuviesen un elector, y lo mismo en pasando de 100 hasta llegar a 150; y tuviesen dos desde 150 a 250; entendiéndose que todo Partido que tuviese menos de cincuenta, se reuniese con el más inmediato para las elecciones primarias.

53. Los electores se juntarían en los territorios de Justicias ordinarias o señoriales en el pueblo donde éstos residiesen, y en cada uno de éstos habría una Junta de Presidencia, a la manera de las indicadas en la Instrucción Octava; y respecto a que en la parte de Sotavento de La Habana y otros Partidos populosos no hay pueblo alguno de Ayuntamiento, podría comisionarse a una Junta de Presidencia en los pueblos principales del campo para presidir las elecciones primarias y segundas, como verbigracia: Guane, en Pinar del Río, Guanajay y Güines.

Para arreglar últimamente la proporción que se hubiere de guardar, en el número de electores con respecto al de Representantes por elegir, convendría se formasen de antemano, aunque con breve término se remitiesen a las siete capitales citadas como Provincias o Distritos principales de la Isla, para que con vista de ellas se arreglase la distribución de electores con proporción al cupo respectivo de Representantes en cada Distrito, a fin de evitar a los electores la demora, fatigas y gastos de más largo viaje a las dos capitales de Cuba, tan remotas de las demás partes de la Isla.

54. Se ve que por la notable desigualdad que hay entre la población y la extensión de terrenos en las Parroquias y el corto número actual de éstas en la Isla, no se puede guardar el orden establecido en España, donde cada Partido contiene varias Parroquias; siendo aquí a la inversa, que hay Parroquias tan extensas en territorio, no en población, que ha sido preciso que el Gobierno, para la comodidad del servicio, las divida en varios partidos pedáneos.

55. Siguiendo el mismo principio de arraigo como historial esencial del derecho de sufragio pasivo de vecinos y el de sangre limpia, además, para los electores en la forma referida, nos parece todavía más necesario asignar una considerable cuota para los Representantes. Está en nuestro sentir, en país como éste, que debía ser, cuando menos, de 12.000 pesos en bienes raíces, que es un caudal mediano aun entre los ganaderos de reses menores, o sean corrales de cerdos. En cuanto a la calificación de estas cuotas, a fin de evitar trámites judiciales y dilatados, convendría que saliera de la misma comisión de los vecinos en las Juntas de elecciones en que los Magistrados que presidan, entre las recomendaciones... prevenidos por la Instrucción ya citada, al artículo... sobre cohechos, agregasen la de denunciar cualquiera falta que se notara en la cuota de propiedad ya conocida, o al menos, presente por las listas preparatorias mencionadas en el Artículo 51.

56. Estos son los medios provisionales que en las primeras elecciones se podrían usar para remediar la falta de fórmula de padrones regulares, que no tardarían en hacerse después, así como se estudiarían las demás perfecciones asequibles en esa nueva Constitución, luego que tuviésemos un Gobierno Provisional.

57. El Consejo Ejecutivo que hubiese de asistir al Gobernador Capitán General en sus deliberaciones, como segundo brazo de la Legislación Provisional, podría componerse de doce vocales, y para asegurar mejor su buena opinión en el concepto público, convendría que por cada una de estas plazas nombrase el Cuerpo Legislativo o Cortes Provinciales una terna entre los sujetos más recomendables del país, eligiendo el Gobernador en cada terna al individuo que más le acomodase.

58. Constituidas las Cortes Provinciales, serían soberanas en el recinto de la Isla, y se refundirían en ellas todas las funciones gubernamentales de la Intendencia, de la Junta de la Real Hacienda y Tribunales de Cuentas, las de la Junta de Derechos de la de Maderas, la de temporalidad y demás gubernativas que hubiese en la Isla. Elegirían su Presidente y demás miembros necesarios para la división y despacho de las tareas. Y respecto a que las Audiencias tienen el tratamiento de Alteza, debía ser el mismo el de las Cortes Provinciales, en consideración a sus altas y soberanas facultades.

59. Las disposiciones acordadas por esta Asamblea a pluralidad no absoluta, sino de los dos servicios de sus votos, no tendrían fuerza de Ley Provincial hasta que estuviesen aprobadas por el Gobernador Capitán General, Regente nato a nombre del Monarca, o sea, del Poder Ejecutivo constituido por las Cortes Nacionales. Éste la habría de dar con precisa deliberación en el Consejo Ejecutivo, en el espacio de tres semanas después de la remisión a sus manos, con obligación, en contrario evento, de explicar por escrito a las Cortes Provinciales los fundamentos de la discrepancia, a fin de que en tal caso se pudiese, por ambas partes, dar cuenta de la ley pendiente al Gobierno Supremo, según pareciese conveniente o necesario. Al Gobernador en Consejo pertenecería la pro-

mulgación y publicación de todas las Leyes y Reglamentos Provinciales.

60. Con arreglo a la división de poderes promulgados por las Cortes Nacionales, sería condición constitutiva de las Provincias de esta Isla no entrometerse en las atribuciones que haya tenido o tuviere el Gobernador como cabeza única y central del Poder Ejecutivo en esta Isla, ni menos en la Administración de Justicia. No obstante, y para mejor asegurar esta última, considerando que las diferentes investiduras del Gobernador, como Juez de diversos Tribunales civiles, le quitan mucho tiempo, empleándolo, sin utilidad alguna al público, en poner simples firmas, distrayéndolo de las altas atenciones que merecen los negocios militares y legislativos o económicos, conserve solo como Capitán General el Juzgado militar, y trasládense las demás investiduras judiciales a un Corregidor independiente, a quien también se encargue especialmente el Juzgado de la Policía criminal, conforme el plan promovido por este Cabildo secular.

Este plan es el mismo que la Nación ve plantificado en sus Cortes Generales. Éstas, con establecerlo aquí, recogerían todas las ventajas que antes hemos anunciado. Podrían contar con la constancia y armonía que guardaría un Cuerpo subalterno, que se consideraría como hijo de los mismos principios, rama del mismo tronco; estaría seguro el Gobierno de encontrar en éste un instrumento fiel de sus voluntades, un ejecutor obediente y celoso de sus preceptos, que le facilitaría con eficacia la cuota de socorros que nos cupiese mandar a España en proporción de las demás Provincias. Por otro lado, por la íntima unión y concierto de los brazos de la autoridad provincial, las operaciones generales de defensa que dictara el Poder Ejecutivo Nacional, adquirirían un grado de acción y energía hoy desconocido.

Nosotros, en el círculo de nuestro territorio, bendeciríamos la magnanimidad del Supremo Gobierno, a quien debíamos creer capaz de remediar los males existentes, y de poner en movimiento una multitud de manantiales de pública y privada felicidad. Nacería en la Hacienda la economía y el buen orden que en ella debe haber; se haría respetable a poca costa la fuerza pública, y la defensa de la Isla, en caso de futura invasión, tanto por las tropas regladas mejor mantenidas, cuanto por el establecimiento de una milicia que ya sin inconveniente ni recelo se podría establecer. Se simplificaría nuestro comercio por la claridad y sencillez de las ejecuciones, y desaparecerían los subterráneos ataques que contra él dirige un brazo interesado y preocupado. Se fomentaría en nuestras costas el cabotaje, la pesca, la construcción de embarcaciones, y en medio de la valla de nuestro poder marítimo, conservaríamos aquel que bastara a mantener nuestra defensa, quizá no despreciable, y útil a la marinería, que vendría a ser ocupación tan favorita de estos naturales como la agricultura. Veríamos, después de tres siglos de estudiado abandono, nuestros hijos recibir en su patria una educación adecuada a su nueva situación, con importancia en el orden político; se poblarían en breve tiempo nuestras tierras yermas, con grandes creces de la fuerza y opinión pública; se perfeccionarían nuestra agricultura y nuestras artes; se ejecutarían por la protegida unión y natural espíritu de individuos particulares, en asociaciones que siempre ha desanimado el poder arbitrario, multitud de caminos, puentes y otras obras públicas y piadosas; en fin, la fe y el crédito público, sentado sobre bases respetables y permanentes, no serían por más tiempo el juguete de la inconsecuencia y de la inmoralidad de unas Cortes corrompidas y unos Ministros arbitrarios en sus operaciones. Presentaría, en fin, nuestra Isla, un teatro vivificado por la industria, la buena fe y la confianza, en lugar de la apatía, de la desconfianza y del desaliento.

Por último, estamos persuadidos, etcétera.

Libros a la carta

A la carta es un servicio especializado para
empresas,
librerías,
bibliotecas,
editoriales
y centros de enseñanza;
y permite confeccionar libros que, por su formato y con-
cepción, sirven a los propósitos más específicos de estas ins-
tituciones.

Las empresas nos encargan ediciones personalizadas para
marketing editorial o para regalos institucionales. Y los interesados solicitan, a título personal, ediciones antiguas, o
no disponibles en el mercado; y las acompañan con notas y
comentarios críticos.

Las ediciones tienen como apoyo un libro de estilo con
todo tipo de referencias sobre los criterios de tratamiento ti-
pográfico aplicados a nuestros libros que puede ser consulta-
do en Linkgua-ediciones.com.

Linkgua edita por encargo diferentes versiones de una
misma obra con distintos tratamientos ortotipográficos (ac-
tualizaciones de carácter divulgativo de un clásico, o versiones estrictamente fieles a la edición original de referencia).

Este servicio de ediciones a la carta le permitirá, si usted
se dedica a la enseñanza, tener una forma de hacer pública
su interpretación de un texto y, sobre una versión digitaliza-
da «base», usted podrá introducir interpretaciones del texto
fuente. Es un tópico que los profesores denuncien en clase
los desmanes de una edición, o vayan comentando errores de
interpretación de un texto y esta es una solución útil a esa
necesidad del mundo académico.

Asimismo publicamos de manera sistemática, en un mismo catálogo, tesis doctorales y actas de congresos académicos, que son distribuidas a través de nuestra Web.

El servicio de «libros a la carta» funciona de dos formas.

1. Tenemos un fondo de libros digitalizados que usted puede personalizar en tiradas de al menos cinco ejemplares. Estas personalizaciones pueden ser de todo tipo: añadir notas de clase para uso de un grupo de estudiantes, introducir logos corporativos para uso con fines de marketing empresarial, etc. etc.

2. Buscamos libros descatalogados de otras editoriales y los reeditamos en tiradas cortas a petición de un cliente.

Printed in Poland
by Amazon Fulfillment
Poland Sp. z o.o., Wrocław

69305519R00030